BASKETBALL RÄTSELBUCH

Rätsel über den besten Sport der Welt

31

Inhalt

Einleitung

Liebe Basketball-Enthusiasten,
dieses Rätselbuch wurde speziell für euch erstellt, um die magischen Momente des Basketballs jenseits des Spielfelds zu erleben. Jede Seite ist ein Tribut an unsere gemeinsame Leidenschaft, eine Ode an das Spiel, das uns alle verbindet. Hier findet ihr Rätsel, die euer Wissen testen, eure Erinnerungen auffrischen und eure Liebe zum Basketball vertiefen werden.
Die folgenden Seiten bieten eine Mischung aus Technik, Geschichte, berühmten Spielern und legendären Matches – alles verpackt in unterhaltsamen und herausfordernden Rätseln. Egal ob du ein Profi auf dem Court oder ein treuer Fan auf den Tribünen bist, hier findest du etwas, das deinen Basketball-Puls höher schlagen lässt.
Also, schnapp dir einen Stift, mach es dir gemütlich und bereite dich darauf vor, in eine Welt einzutauchen, in der Basketball nicht nur ein Spiel, sondern eine Lebensweise ist. Denn, wie wir alle wissen, endet Basketball nicht mit dem Schlusspfiff. Es lebt in uns weiter, in jedem Dribbling, jedem Wurf und – in diesem Fall – in jedem gelösten Rätsel.

Dein Michael

PS. Bei Anregungen oder Kritik, schreibe gerne eine mail an den Verlag, sie sind bemüht, stetig an Verbesserungen zu arbeiten.

Wer wird
Basket
ballionär
?

ÜBRIGENS:

DIE KNAPPEN, ENG ANLIEGENDEN SHORTS, DIE IN DEN 1970ER UND FRÜHEN 1980ER JAHREN IN DER NBA ÜBLICH WAREN, WURDEN DURCH SPIELER WIE MICHAEL JORDAN, DIE GRÖSSERE UND LOCKERERE SHORTS BEVORZUGTEN, LANGSAM VERDRÄNGT.

01

Wer wird Basketballionär

Teste dein Wissen über deinen Lieblingssport, einige Antworten werden dich bestimmt zum Staunen bringen. Viel Spaß.

01

ERSTER KORB

WELCHE BEHÄLTER WURDEN AM ANFANG DES BASKETBALLS FÜR DAS SPIEL STATT DES HEUTIGEN KORBES GENUTZT?

A BANANENKISTEN

B PAPIERKÖRBE

C PFIRSICHKÖRBE

ORIGINALE REGELN

WO HÄNGEN DIE ORIGINALEN BASKETBALL-REGELN?

A ALLEN FIELDHOUSE

B MADISON SQUARE GARDEN

C MEMORIAL SPORTS ARENA

LÖSUNG
VORHERIGE SEITE

LÖSUNG ERSTE FRAGE

DIE ERSTEN „KÖRBE“ WAREN TATSÄCHLICH PFIRSICHKÖRBE, UND ES GAB KEINE LÖCHER AM BODEN. JEDES MAL, WENN JEMAND EINEN KORB MACHTE, MUSSTE DAS SPIEL PAUSIERT WERDEN, UM DEN BALL AUS DEM KORB ZU HOLEN.

LÖSUNG ZWEITE FRAGE

DIE ORIGINALEN BASKETBALLREGELN, DIE VON DR. JAMES NAISMITH VERFASST WORDEN, HÄNGEN IM ALLEN FIELDHOUSE DER UNIVERSITY OF KANSAS.

Wer wird Basketballionär

Übrigends: Im Jahr 2010 spielte Charlie Villanueva von den Detroit Pistons einige Minuten eines NBA-Spiels ohne einen seiner Schuhe, nachdem er ihn verloren hatte und nicht die Zeit hatte, ihn wieder anzuziehen.

02

BASKETBALL IM WEISSEN HAUS

WELCHER PRÄSIDENT HAT EINEN BASKETBALLPLATZ IM WEISSEN HAUS INSTALLIEREN LASSEN?

A BARACK OBAMA

B DONALD TRUMP

C KEINER, DENN ES GIBT DORT KEINEN SOLCHEN PLATZ

VOM PLASTIK ZUM LEDER

WELCHE FARBE HATTEN DIE ERSTEN BASKETBALLBÄLLE?

A BLAU

B SCHON IMMER ORANGE

C BRAUN

LÖSUNG VORHERIGE SEITE

LÖSUNG ERSTE FRAGE

US-PRÄSIDENT BARACK OBAMA LIESS 2009 EINEN BASKETBALLPLATZ IM WEISSEN HAUS INSTALLIEREN.

LÖSUNG ZWEITE FRAGE

DIE ERSTEN BASKETBALLBÄLLE WAREN BRAUN UND AUS PLASTIK. ERST IN DEN 1950ER JAHREN WURDE DER ORANGEFARBENE, LEDERNE BASKETBALL EINGEFÜHRT, DEN WIR HEUTE KENNEN.

BEI DEN OLYMPISCHEN SPIELEN

WER GEWANN DIE ERSTE GOLDMEDAILLE IM HERRENBASKET-BALL BEI DEN OLYMPISCHEN SPIELEN IN BERLIN IM JAHR 1936?

A DEUTSCHLAND

B USA

C JAPAN

"MR. X" IM BASKETBALL

WIE BEZEICHNET MAN DEN LETZTEN SPIELER, DER IN EINEM NFL-DRAFT AUSGEWÄHLT WIRD?

A MR. IRRELEVANT

B MR. Y

C MR. NO MEN

LÖSUNG VORHERIGE SEITE

LÖSUNG ERSTE FRAGE

DIE USA, AUSSERDEM 6 WEITERE JAHRE IN FOLGE, INSGESAMT DIE 7 ERSTEN.

LÖSUNG ZWEITE FRAGE

MR. IRRELEVANT

Übrigends: Im Jahr 2014 wurde Becky Hammon die erste weibliche Vollzeit-Assistenztrainerin in der NBA, als sie sich den San Antonio Spurs anschloss.

EIN TEURES SOUVENIR

FÜR WIEVIEL US-DOLLAR WURDE DER BALL VERKAUFT, DEN MICHAEL JORDAN ALS LETZTEN WURF SEINER KARRIERE BEI DEN CHICAGO BULLS IN DEN NBA-FINALS 1998 WARF?

A WENIGER ALS $ 10.000

B $ 49.999

C MEHR ALS $ 60.000

NBA MASKOTTCHEN

DAS PHOENIX SUNS MASKOTTCHEN, BEGANN EIGENTLICH ALS STREICH EINES GEWÖHNLICHEN FANS, DER WÄHREND EINES SPIELS IM KOSTÜM HERUMRANNTE. UM WELCHES KOSTÜM HANDELT ES SICH?

A GORILLA

B HASE

C BÄR

LÖSUNG VORHERIGE SEITE

LÖSUNG ERSTE FRAGE

DER BALL, MIT DEM MICHAEL JORDAN DEN LETZTEN WURF SEINER KARRIERE BEI DEN CHICAGO BULLS IN DEN NBA-FINALS 1998 WARF, WURDE BEI EINER AUKTION FÜR MEHR ALS 60.000 US-DOLLAR VERKAUFT.

LÖSUNG ZWEITE FRAGE

ES WAR EIN GORILLA-KOSTÜM

Übrigends: JamesOn Curry hat die kürzeste NBA-Karriere aller Zeiten mit nur 3,9 Sekunden Spielzeit für die Los Angeles Clippers im Jahr 2010.

05

WECHSEL DES BASKETBALLS

WARUM SIND DIE URSPRÜNGLICHEN BASKETBALLBÄLLE NICHT BRAUN GEBLIEBEN?

A UM DEN SPIELERN UND DEN ZUSCHAUERN ZU HELFEN, DEN BALL LEICHTER ZU SEHEN

B DIES WAR DIE EIGENTLICHE LIEBLINGSFARBE DES ERFINDERS DR. JAMES NAISMITH

C UM SICH VON ANDEREN SPORTARTEN ABZUHEBEN

HISTORISCHES SPIEL

WIE WAR DAS ENDERGEBNIS DES ERSTEN OFFIZIELLEN BASKETBALLSPIELS ?

A 12-6

B 1-0

C 36-22

LÖSUNG VORHERIGE SEITE

LÖSUNG ERSTE FRAGE

DER ORANGEFARBENE BALL WURDE ERST IN DEN 1950ER JAHREN EINGEFÜHRT, UM DEN SPIELERN UND DEN ZUSCHAUERN ZU HELFEN, DEN BALL LEICHTER ZU SEHEN.

LÖSUNG ZWEITE FRAGE

DAS ERSTE OFFIZIELLE BASKETBALLSPIEL WURDE AM 21. DEZEMBER 1891 IN SPRINGFIELD, MASSACHUSETTS, GESPIELT. DAS ENDERGEBNIS WAR 1-0!

Übrigends: Hakeem Olajuwon erzielte 1990 ein beeindruckendes Triple-Double mit 29 Punkten, 18 Rebounds und 11 Blocks.

SPEZIELLE FREIWÜRFE

WOFÜR WAR GEORGE YARDLEY, EIN NBA-STAR DER 1950ER JAHRE, BEKANNT WENN ER SEINE FREIWÜRFE MACHTE.

A ER SCHLOSS EIN PAAR SEKUNDEN DIE AUGEN BEVOR ER WARF

B ER WACKELTE MIT DEN HÜFTEN

C ER SETZTE SICH EINE BRILLE AUF

MJ'S AUSFLUG

BEI WELCHEM SPORT SPIELTE MICHAEL JORDAN EINE SAISON 1994 IN DER MINOR LEAGUES?

A BASEBALL

B TENNIS

C ER HAT NIE WO ANDERS GESPIELT

LÖSUNG VORHERIGE SEITE

LÖSUNG ERSTE FRAGE

GEORGE YARDLEY, EIN NBA-STAR DER 1950ER JAHRE, WAR DAFÜR BEKANNT, DASS ER FÜR FREIWÜRFE EINE BRILLE AUFSETZTE, SIE DANN ABNAHM UND AUF DEN BODEN NEBEN SICH LEGTE.

LÖSUNG ZWEITE FRAGE

MICHAEL JORDAN SPIELTE 1994 EINE SAISON BASEBALL IN DEN MINOR LEAGUES, NACHDEM ER SICH VORÜBERGEHEND VOM BASKETBALL ZURÜCKGEZOGEN HATTE.

Übrigends: Vince Carter war der erste NBA-Spieler, der in vier verschiedenen Jahrzehnten gespielt hat (1990er, 2000er, 2010er und 2020er Jahre).

EINE UNGEWÖHNLICHE TROPHÄE

WELCHE FARBE HATTE DER NBA-CHAMPIONSHIP-POKAL, BEVOR ER GOLD WURDE?

A ER WAR SCHON IMMER GOLD

B SILBER

C BRAUN

GRÖSSTE AUFHOLJAGD

WIE HOCH WAR DER GRÖSSTE PUNKTE-RÜCKSTAND, DER IN DER NBA GESCHICHTE AUFGEHOLT WURDE?

A 12-PUNKTE-RÜCKSTAND

B 36-PUNKTE-RÜCKSTAND

C 48-PUNKTE-RÜCKSTAND

LÖSUNG VORHERIGE SEITE

LÖSUNG ERSTE FRAGE

DAS GOLDENE DESIGN DES HEUTIGEN NBA-CHAMPIONSHIP-POKALS WURDE ERST 1977 EINGEFÜHRT. VORHER HATTE DIE TROPHÄE EIN SILBER-DESIGN.

LÖSUNG ZWEITE FRAGE

DIE DENVER NUGGETS HOLTEN 1996 EINEN 36-PUNKTE-RÜCKSTAND GEGEN DIE UTAH JAZZ AUF, WAS DIE GRÖSSTE ERFOLGREICHE AUFHOLJAGD IN DER NBA-GESCHICHTE IST.

Übrigends: Julius "Dr. J" Erving und Michael Jordan sind berühmt für ihre Dunkings aus der Freiwurflinie während des Slam Dunk Contests, aber es war eigentlich Darryl Dawkins, der den Dunk als Erster in einem NBA-Spiel zeigte.

ERSTER MILLIONENSCHWERER VERTRAG

WELCHER NBA SPIELER WAR DER ERSTE MIT EINEN VERTRAG ÜBER EINE MILLION DOLLAR PRO JAHR?

A MICHAEL JORDAN

B MOSES MALONE

C STEPHEN CURRY

DIE ERSTE WAHL

MIT WEM WOLLTE MICHAEL JORDEN NOCH VOR NIKE EINEN VERTRAG ABSCHLIESSEN?

A FILA

B ADIDAS

C ER WOLLTE VON ANFANG AN MIT NIKE ZUSAMMENARBEITEN

LÖSUNG VORHERIGE SEITE

LÖSUNG ERSTE FRAGE

DER ERSTE NBA-SPIELER, DER EINEN VERTRAG ÜBER EINE MILLION DOLLAR PRO JAHR UNTERSCHRIEB, WAR MOSES MALONE MIT DEN HOUSTON ROCKETS IM JAHR 1978.

LÖSUNG ZWEITE FRAGE

ALS MICHAEL JORDAN ALS ROOKIE IN DIE NBA KAM, WOLLTE ER EIGENTLICH EINEN VERTRAG MIT ADIDAS, NICHT MIT NIKE. DAS ERGEBNIS SEINER PARTNERSCHAFT MIT NIKE – DER AIR JORDAN – WURDE JEDOCH ZU EINER DER BEKANNTESTEN SPORTSCHUHLINIEN DER WELT.

ZWEI TRIKOTS IM CENTER

WAS HABEN DIE LOS ANGELES LAKERS IM STAPLES CENTER AUFGEHÄNGT?

A DIE NUMMER 8 U. 24 VON KOPE BRYANT

B DIE NUMMER 70 VON DENNIS RODMAN

C DIE NUMMER 23 VON MICHAEL JORDAN

EIN UNGEWÖHNLICHER VERTRAG

IM JAHR 1983 BOT DER BESITZER DER DALLAS MAVERICKS, DONALD CARTER, DEM SPIELER DARRELL GRIFFITH EINEN 10-JAHRES-VERTRAG AN, DER WAS ZUSÄTZLICH BEINHALTETE?

A EINE ÖLQUELLE

B EINE VILLA

C EIN BUTTLER

LÖSUNG VORHERIGE SEITE

LÖSUNG ERSTE FRAGE

DIE LOS ANGELES LAKERS HABEN SOWOHL DIE NUMMER 8 ALS AUCH DIE NUMMER 24 VON KOBE BRYANT IM STAPLES CENTER AUFGEHÄNGT, UM SEINE BEEINDRUCKENDE KARRIERE ZU EHREN.

LÖSUNG ZWEITE FRAGE

NEBEN GELD BEINHALTETE ER AUCH EINE ÖLQUELLE.

Übrigends: Die Brüder Pau und Marc Gasol sind die ersten Brüder, die beide NBA All-Star Spiele gespielt und NBA-Meisterschaften gewonnen haben.

REKORDVERDÄCHTIGE HÖHE

WIE GROSS WAR DER GRÖSSTE PROFESSIONELLE BASKETBALLSPIELE R ALLER ZEITEN?

A 2,32 M

B 2,45 M

C 2,52 M

DER MYTHOS

ES GIBT EINE THEORIE: SPIELER, DIE NACH EINIGEN ERFOLGREICHEN WÜRFEN "HEISS" SIND, TREFFEN EHER WEITERE WÜRFE. WIE NENNT SICH DIESE THEORIE?

A „QUICK REPEAT“

B „QUICK VICTORY“

C „HOT HAND“

LÖSUNG VORHERIGE SEITE

LÖSUNG ERSTE FRAGE

DER HÖCHSTE PROFESSIONELLE BASKETBALLSPIELER ALLER ZEITEN WAR SULEIMAN ALI NASHNUSH, DER 1962 FÜR DIE LIBYSCHE NATIONALMANNSCHAFT SPIELTE UND EINE HÖHE VON 2,45 M ERREICHTE.

LÖSUNG ZWEITE FRAGE

WISSENSCHAFTLER HABEN JAHRELANG DIE „HOT HAND"-THEORIE IM BASKETBALL UNTERSUCHT, BEI DER ANGENOMMEN WIRD, DASS SPIELER NACH EINIGEN ERFOLGREICHEN WÜRFEN „HEISS" SIND UND EHER WEITERE WÜRFE TREFFEN. DIE FORSCHUNG IST GEMISCHT, MIT EINIGEN STUDIEN, DIE DIE THEORIE UNTERSTÜTZEN, UND ANDEREN, DIE SIE WIDERLEGEN.

01

Wer wird Basketballionär

Übrigends: Das berühmte NBA-Logo zeigt die Silhouette von Jerry West, obwohl die NBA dies nie offiziell bestätigt hat.

11

OLYMPISCHE DOMINANZ

WIEVIELE GOLDMEDAILLEN GEWANN US-AMERIKANISCHE, HERREN-BASKETBALLTEAM BEI DEN OLYMPISCHEN SPIELEN BEREITS?

A 7

B 11

C 15

ERSTER AUSLÄNDER

WAS GEWANN DIRK NOWITZKI 2007 ALS ERSTER EUROPÄISCHER SPIELER?

A NBA MVP

B ABELPREIS

C NBA SJC

LÖSUNG VORHERIGE SEITE

LÖSUNG ERSTE FRAGE

DAS US-AMERIKANISCHE HERREN-BASKETBALLTEAM HAT SEIT DER EINFÜHRUNG VON BASKETBALL ALS OLYMPISCHE SPORTART IM JAHR 1936 INSGESAMT 15 GOLDMEDAILLEN GEWONNEN.

LÖSUNG ZWEITE FRAGE

ER GEWANN DEN NBA MVP (MOST VALUABLE PLAYER) AWARD

Übrigends: Die Toronto Raptors sind das einzige nicht in den USA ansässige NBA-Team, das eine Meisterschaft gewonnen hat (2019).

EIN TEURER KAUGUMMI:

FÜR WIEVIEL DOLLAR WURDE 2020 EIN VON MICHAEL JORDAN GEKAUTES KAUGUMMI VERKAUFT?

A $ 5.000

B $ 12.000

C $ 100.000

DER FUSS DES SHAQ

WELCHE SCHUHGRÖSSE HAT SHAQUILLE O'NEAL?

A 38 – 40

B 52 – 54

C 58 - 60

LÖSUNG VORHERIGE SEITE

LÖSUNG ERSTE FRAGE

EIN VON MICHAEL JORDAN GEKAUTER KAUGUMMI WURDE 2020 BEI EINER AUKTION FÜR ÜBER $12.000 VERKAUFT.

LÖSUNG ZWEITE FRAGE

SHAQUILLE O'NEAL TRUG SCHUHGRÖSSE 58 - 60.

Übrigends: Die Washington Wizards waren ursprünglich als Chicago Packers bekannt, änderten dann ihren Namen in Chicago Zephyrs, später in Baltimore Bullets, dann in Capital Bullets, anschließend in Washington Bullets und schließlich in Washington Wizards.

13

GEBURT EINES SPITZNAMENS

WELCHEN SPITZNAMEN BEKAM EARVIN JOHNSON WEIL ER IN EINEM HIGHSCHOOL-SPIEL EIN TRIPLE-DOUBLE MIT 36 PUNKTEN, 18 REBOUNDS UND 16 ASSISTS ERZIELTE.

A „MAGIC“

B „ICE MEN“

C „HOT HAND“

TRAINERREKORD

GREGG POPOVICH HAT DIE MEISTEN SIEGE ALS NBA-COACH IN SEINER KARRIERE MIR WIE VIELEN SIEGEN GESCHAFFT?

A MIT ÜBER 1.300 SIEGEN

B MIT ÜBER 1.555 SIEGEN

C MIT ÜBER 1.336 SIEGEN

LÖSUNG VORHERIGE SEITE

LÖSUNG ERSTE FRAGE

EARVIN JOHNSON BEKAM DEN SPITZNAMEN „MAGIC“.

LÖSUNG ZWEITE FRAGE

MIT ÜBER 1.336 SIEGEN

Basketball Logikrätsel

ÜBRIGENS:

FRÜHER, ALS BASKETBALL NOCH NICHT SO POPULÄR WAR, WURDEN VIELE NBA-SPIELE ALS VORSPIEL ZU EISHOCKEYSPIELEN IN DENSELBEN ARENEN AUSGETRAGEN.

Basketball Logikrätsel

02

Teste dein logisches Denken und löse diese kniffligen Aufgaben. Manche Lösungen liegen auf der Hand, bei anderen muss man zweimal hinsehen

01

Trainingszeiten

Drei Freunde – Alex, Ben und Carla – trainieren jeden Mittwoch Basketball, jedoch zu unterschiedlichen Zeiten: 10 Uhr, 12 Uhr und 14 Uhr. Anhand der Hinweise sollst du herausfinden, wer zu welcher Uhrzeit trainiert.

Hinweise

Alex trainiert nicht um 10 Uhr.

Carla trainiert vor Ben.

Frage: Wer trainiert um welche Uhrzeit?

Lösung

Carla:

Ben:

Alex:

ÜBRIGENS:

DER HÖCHSTE JEMALS AUFGEZEICHNETE VERTIKALE SPRUNG IN DER NBA GEHÖRT DARRELL GRIFFITH, AUCH BEKANNT ALS "DR. DUNKENSTEIN", MIT EINEM BEEINDRUCKENDEN WERT VON 48 ZOLL.

02

Basketball Logikrätsel

Teste dein logisches Denken und löse diese kniffligen Aufgaben. Manche Lösungen liegen auf der Hand, bei anderen muss man zweimal hinsehen

02

Turnierspiele

Drei Basketballteams – Hawks, Eagles und Falcons – spielten am Wochenende gegeneinander. Die Spiele fanden am Freitag, Samstag und Sonntag statt. Kannst du herausfinden, an welchem Tag jedes Team sein Spiel hatte?

Hinweise

Die Hawks spielten nicht am Samstag.

Die Falcons spielten vor den Eagles.

Frage: Welches Team spielte an welchem Tag?

Lösung

Falcons:

Eagles:

Hawks:

ÜBRIGENS:

BILL RUSSELL HÄLT DEN REKORD FÜR DIE MEISTEN NBA-MEISTERSCHAFTEN EINES SPIELERS MIT 11 TITELN, ALLE GEWONNEN MIT DEN BOSTON CELTICS.

Basketballpositionen

Drei Freunde – Mia, Luca und Zoe – spielen Basketball. Jeder von ihnen hat eine andere Lieblingsposition: Point Guard, Shooting Guard und Center. Kannst du herausfinden, welche Position jeder bevorzugt?

Hinweise

Mia ist größer als der Shooting Guard. Luca ist der Point Guard. Zoe ist nicht der Center.

Frage: Welche Position spielt jeder Freund?

Lösung

Mia:

Luca:

Zoe:

ÜBRIGENS:

JOHN STOCKTON, DER DEN NBA-REKORD FÜR DIE MEISTEN KARRIERE-ASSISTS UND -STEALS HÄLT, HAT IN 19 NBA-SAISONS NUR 22 SPIELE VERPASST.

Trikotnummern

Drei Spielerinnen – Isabelle, Julia und Sophie – tragen die Trikotnummern 7, 11 und 23. Anhand der Hinweise kannst du herausfinden, welche Nummer zu welcher Spielerin gehört.

Hinweise

Julia trägt die Nummer 23.
Isabelle trägt eine niedrigere Nummer als Sophie.
Frage: Welche Nummer trägt jede Spielerin?

Lösung

Isabelle:
Julia:
Sophie:

ÜBRIGENS:

DER GRÖSSTE SPIELER, DER JEMALS IN DER NBA GESPIELT HAT, WAR GHEORGHE MUREȘAN MIT 2,31M. AUF DER ANDEREN SEITE WAR MUGGSY BOGUES MIT 1,60M DER KLEINSTE NBA-SPIELER.

02

Basketball Logikrätsel

Teste dein logisches Denken und löse diese kniffligen Aufgaben. Manche Lösungen liegen auf der Hand, bei anderen muss man zweimal hinsehen

05

Teamfarben

Drei Basketballmannschaften – Suns, Moon und Stars – haben jeweils eine unterschiedliche Hauptfarbe für ihre Trikots: Rot, Blau und Grün. Wer hat welche Farbe?

Hinweise

Die Suns haben nicht die Farbe Blau.

Die Stars haben Grün.

Die Moon haben nicht die Farbe Rot.

Frage: Welche Mannschaft hat welche Trikotfarbe?

Lösung

Suns:

Moon:

Stars:

ÜBRIGENS:

IN DER NBA-DRAFT 1984 WURDEN NICHT NUR BASKETBALL-LEGENDEN WIE MICHAEL JORDAN, CHARLES BARKLEY UND HAKEEM OLAJUWON AUSGEWÄHLT, SONDERN AUCH DER ZUKÜNFTIGE US-AUSSENMINISTER BILL BRADLEY.

Turnierpunkte

Drei Freunde – Anna, Felix und Tim – haben an einem Streetball-Turnier teilgenommen. Sie erzielten 10, 15 und 20 Punkte, aber nicht unbedingt in dieser Reihenfolge. Wer hat wie viele Punkte erzielt?

Hinweise

Anna hat mehr Punkte als Felix, aber weniger als Tim.

Felix hat nicht die geringste Punktzahl.

Frage: Wie viele Punkte hat jeder Freund erzielt?

Lösung

Anna:

Felix:

Tim:

ÜBRIGENS:

DER ERSTE 3-PUNKT-WURF IN DER NBA-GESCHICHTE WURDE VON CHRIS FORD VON DEN BOSTON CELTICS IN DER SAISON 1979-1980 ERZIELT.

02

Basketball Logikrätsel

Jetzt wird es kniffelig. Wie viele Quadrate mit einem Basketball innliegend, kannst du in diesem Raster entdecken?

07

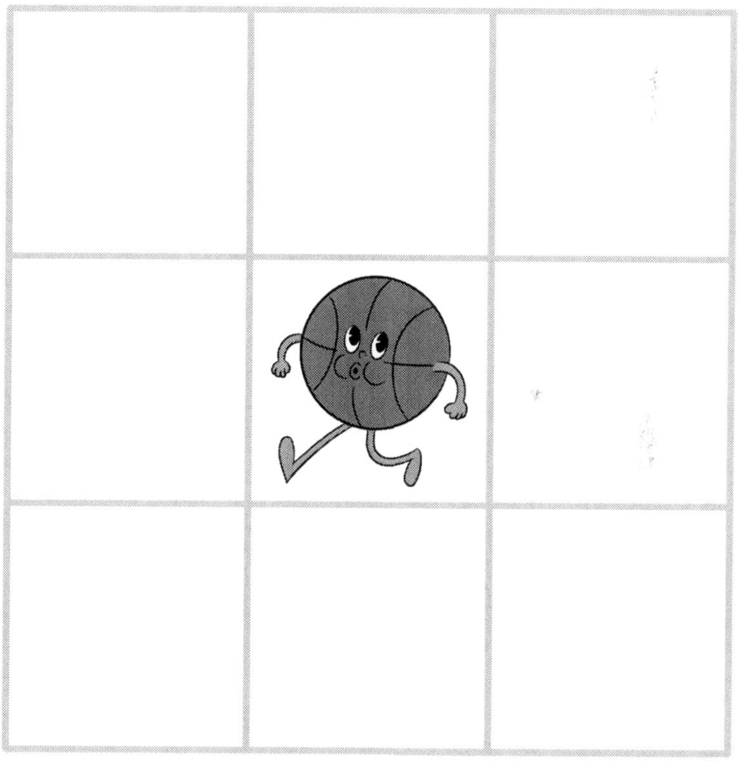

Basketballstrategie Rätsel

03

Basketballstrategie-Rätsel

Jeder Spieler soll zu seiner zugehörigen Zahl dribbeln und darf dabei nicht die Linie eines anderen Spielers durchkreuzen. Findest du von jedem Spieler den Weg, ohne dass sich die Wege überschneiden?

01

	1						
			2			2	
		3					
		1	7				4
			6				3
	7						
6	5					5	4

03

Basketballstrategie-Rätsel

Kannst du schon diesen Trick?
Spin Move: Der Spieler dreht sich mit dem Ball um einen verteidigenden Spieler herum.

02

			5				
	2		4				
					3		
					2		
		1	4				
1			5				
	3		6	7			7
							6

03

Basketballstrategie-Rätsel

Kannst du schon diesen Trick?
Shammgod: Ein Dribbling-Trick, bei dem der Ball mit einer Hand nach vorne gestoßen und dann mit der anderen Hand schnell wieder gezogen wird.

03

2			4				2	6	
	1				7			5	
	5								
				3					
			4	7					
						3			
			1						6

03 Basketballstrategie-Rätsel

Hinten anstellen bitte. Kannst du eine Zahlenschlange bilden von 1 - 15? Waagerecht, Horizontal, Vertikal ist möglich. Der Basketball hat die Nummer 16

04

			12
1			
8	10		4

03

Basketballstrategie-Rätsel

Kannst du schon diesen Trick?
Alley-Oop: Ein Pass in die Luft nahe dem Korb, den ein Mitspieler im Sprung fängt und in einem Bewegungsablauf in den Korb wirft.

05

	1		5
		3	
	11		9
13		10	

33

03

Basketballstrategie-Rätsel

Hinten anstellen bitte. Kannst du eine Zahlenschlange bilden von 1 - 25? Waagerecht, Horizontal, Vertikal ist möglich. Der Basketball hat die Nummer 1

06

17		14		
	16		10	12
	21		3	
23			2	5
25			7	

03

Basketballstrategie-Rätsel

Kannst du schon diesen Trick?
Behind-the-Back Dribbling: Dribbeln hinter dem eigenen Rücken, um einen Gegner zu täuschen oder auszuweichen.

07

	19	21	23	
17				25
				4
			6	
13	12	10		

Basketball Zahlenrätsel

ÜBRIGENS:

MEHRERE NBA-SPIELER HABEN VERSUCHT, EINE MUSIKKARRIERE ZU STARTEN. SHAQUILLE O'NEAL HATTE IN DEN 1990ER JAHREN TATSÄCHLICH EIN PAAR RAP-ALBEN UND SOGAR EINEN SONG MIT DEM LEGENDÄREN RAPPER BIGGIE SMALLS.

04 Basketball Zahlenrätsel

Nowitzkis beeindruckende Karriere, sein Talent und seine Charakterstärke machen ihn zu einem der respektiertesten Spieler in der Geschichte. Auf den folgenden Seiten findest du hier oben Fakten über ihn.

01

Punkte-Puzzle

In einem Spiel hat ein Spieler in der ersten Halbzeit 32 Punkte gemacht. In der zweiten Halbzeit hat er nur 75% der Punkte erzielt, die er in der ersten Halbzeit gemacht hat. Wie viele Punkte hat er insgesamt im Spiel erzielt?

Freiwurf-Fieber

Ein Team hat während eines Spiels 40 Freiwürfe versucht und 80% von ihnen getroffen. Wie viele Freiwürfe haben sie verfehlt?

Dribbling-Dilemma

Ein Spieler dribbelt den Ball im Training. Für jede Minute, die er dribbelt, erhöht er die Anzahl der Dribblings pro Minute um 5. Wenn er in der ersten Minute 20 Dribblings macht, wie viele Dribblings macht er in der 5. Minute?

ÜBRIGENS:

MAGIC JOHNSON WAR DER ERSTE NBA-SPIELER, DER EINEN VERTRAG MIT EINEM JAHRESGEHALT VON EINER MILLION DOLLAR UNTERSCHRIEB.

Basketball Zahlenrätsel

Spitzname: In den USA wird Dirk oft "The German Wunderkind" oder einfach "Dirkules" genannt.

Halbzeit-Heiterkeit

In der ersten Halbzeit eines Spiels erzielte ein Team 48 Punkte. In der zweiten Halbzeit erzielte das Team nur 60% der Punkte aus der ersten Halbzeit. Wie viele Punkte hat das Team insgesamt erzielt?

Freiwurf-Punkte

In einem Spiel hat ein Spieler 10 Versuche für Freiwürfe. Jeder erfolgreiche Wurf bringt ihm 1 Punkt. Am Ende des Spiels hat er insgesamt 7 Punkte aus Freiwürfen. Wie viele Freiwürfe hat er verfehlt?

Spiel-Punkte

Ein Basketballspieler erzielt in einem Spiel 2 Punkte für einen normalen Wurf, 3 Punkte für einen Dreier und 1 Punkt für einen Freiwurf. Wenn er 5 normale Würfe, 3 Dreier und 4 Freiwürfe gemacht hat, wie viele Punkte hat er insgesamt erzielt?

ÜBRIGENS:

GIANNIS ANTETOKOUNMPO, OFT "THE GREEK FREAK" GENANNT, HAT DEN LÄNGSTEN NACHNAMEN, DER JE AUF EIN NBA-TRIKOT GEDRUCKT WURDE.

04 Basketball Zahlenrätsel

Ein Team: Nowitzki spielte 21 Saisons in der NBA und alle davon bei den Dallas Mavericks - eine seltene Treue zu einem einzigen Team in der modernen NBA.

03

Team-Punktestand

Zwei Basketballteams, Team A und Team B, spielen gegeneinander. Zu Beginn der zweiten Halbzeit führt Team A mit 55 Punkten, während Team B 45 Punkte hat. Wenn Team B in der zweiten Halbzeit 30 Punkte erzielt und Team A nur 20 Punkte, welches Team hat gewonnen und mit wie vielen Punkten Unterschied?

Saisonbilanz

Ein Basketballteam hat in einer Saison von 30 Spielen 18 Spiele gewonnen und den Rest verloren. Wie viele Spiele hat das Team verloren?

Viertelpunkte

In einem Basketballspiel erzielt ein Team in den ersten drei Vierteln jeweils 25 Punkte. Wenn das Team am Ende des Spiels insgesamt 105 Punkte hat, wie viele Punkte hat das Team im letzten Viertel erzielt?

ÜBRIGENS:

OBWOHL BASKETBALL EINE AMERIKANISCHE ERFINDUNG IST, SPIELTEN IN DER SAISON 2020-2021 SPIELER AUS FAST 50 VERSCHIEDENEN LÄNDERN IN DER NBA.

04 Basketball Zahlenrätsel

Meisterschaft: 2011 führte Nowitzki die Mavericks zum NBA-Titel und wurde zum MVP (Most Valuable Player) der Finals gewählt.

04

Punkteverteilung

Ein Spieler erzielt in einem Spiel 4 Dreier, 6 Zweipunkte-Würfe und 5 Freiwürfe. Wie viele Punkte hat er insgesamt erzielt?

Aufholjagd

Ein Basketballteam liegt zur Halbzeit mit 15 Punkten zurück. Wenn das Team das Spiel schließlich mit 5 Punkten Vorsprung gewinnt, um wie viele Punkte hat es das andere Team in der zweiten Halbzeit übertroffen?

Turnierergebnisse

In einem Turnier spielt ein Basketballteam insgesamt 5 Spiele. Es gewinnt die ersten beiden Spiele mit jeweils 10 Punkten Vorsprung, verliert das dritte Spiel mit 5 Punkten Unterschied, gewinnt das vierte Spiel mit 15 Punkten Vorsprung und verliert das letzte Spiel mit 10 Punkten Unterschied. Mit welcher Gesamtpunktedifferenz endet das Team das Turnier?

ÜBRIGENS:

ROBERT PARISH, DER 21 SAISONS IN DER NBA SPIELTE, HAT IN SEINER KARRIERE NUR EINEN DREIPUNKTEWURF GEMACHT.

04

Basketball Zahlenrätsel

Scoringleistung: Dirk Nowitzki ist der einzige Spieler, der 30.000 Punkte für die Mavericks erzielte und steht in der ewigen NBA-Scorerliste auf einem der vorderen Plätze.

05

Saisonstart

Ein Basketballteam startet die Saison stark und gewinnt seine ersten 5 Spiele in Folge. Wenn jedes Spiel mit 4 Punkten Unterschied gewonnen wurde, wie viel Punkte Vorsprung hat das Team insgesamt aus diesen 5 Spielen?

Fehlende Punkte

In einem Basketballspiel hat Team A am Ende des dritten Viertels 60 Punkte. Wenn sie das Spiel mit 85 Punkten beenden, wie viele Punkte haben sie im letzten Viertel erzielt?

Der Topscorer

Ein Basketballspieler erzielt in drei aufeinanderfolgenden Spielen 28, 32 und 25 Punkte. Wie viele Punkte hat er insgesamt in diesen drei Spielen erzielt?

ÜBRIGENS:

DIE NBA ERHÖHTE DIE DISTANZ VOM FREIWURFLINIE ZUM BACKBOARD VON 6 AUF 12 FUSS HAUPTSÄCHLICH WEGEN DER DOMINANZ VON GEORGE MIKAN UNTER DEM KORB.

04 Basketball Zahlenrätsel

Besonderer Wurf: Nowitzkis "fadeaway" Wurf, bei dem er ein Bein anhebt, während er sich vom Korb wegdreht, wurde zu seinem Markenzeichen und ist in der NBA fast unblockierbar.

06

Freiwurf-Statistik

Ein Basketballspieler hat eine Freiwurfquote von 80%. Wenn er in einem Spiel 25 Freiwürfe wirft, wie viele trifft er?

Aufholrennen

In einem Basketballspiel liegt Team A zur Halbzeit mit 12 Punkten hinten. In der zweiten Halbzeit spielen sie fantastisch und gewinnen schließlich das Spiel mit einem Vorsprung von 6 Punkten. Um wie viele Punkte haben sie das andere Team in der zweiten Halbzeit übertroffen?

Dreier-Flut

Ein Basketballteam erzielt in einem Spiel 15 Dreier. Wie viele Punkte haben sie allein durch Dreier erzielt?

ÜBRIGENS:

MICHAEL JORDAN, DER OFT ALS DER BESTE BASKETBALLSPIELER ALLER ZEITEN BEZEICHNET WIRD, WURDE IN SEINEM ZWEITEN SCHULJAHR VON DER VARSITY-BASKETBALLMANNSCHAFT SEINER SCHULE ABGELEHNT.

Basketball Zahlenrätsel

Vielseitigkeit: Trotz seiner Größe von 2,13 Metern konnte Nowitzki sowohl als Center als auch als Flügel- oder Power Forward spielen.

Punktedurchschnitt

Ein Basketballspieler erzielt in 4 Spielen folgende Punkte: 20, 25, 18 und 22. Was ist sein durchschnittlicher Punktestand pro Spiel?

Spannendes Spiel

In einem Basketballspiel führt Team A nach dem ersten Viertel mit 5 Punkten, liegt nach dem zweiten Viertel mit 3 Punkten zurück und geht nach dem dritten Viertel mit 7 Punkten in Führung. Wenn das Spiel mit einem Gleichstand endet, wie viele Punkte hat Team B im letzten Viertel mehr erzielt als Team A?

Topscorer der Liga

In einer Basketballliga erzielt der Topscorer in einer Saison durchschnittlich 28 Punkte pro Spiel. Wenn die Saison 82 Spiele hat, wie viele Punkte hat der Spieler insgesamt erzielt?

ÜBRIGENS:

DIE WOMEN'S NATIONAL BASKETBALL ASSOCIATION (WNBA) WURDE 1996 GEGRÜNDET UND IST DIE FRAUENPROFIVERSION DER NBA.

04 Basketball Zahlenrätsel

Internationale Karriere: Für die deutsche Nationalmannschaft spielte Nowitzki bei verschiedenen Europameisterschaften, Weltmeisterschaften und Olympischen Spielen.

08

Teamperformance

Ein Basketballteam erzielt in einem Spiel 30 Zweipunkte-Würfe und 10 Dreier. Wie viele Punkte haben sie insgesamt erzielt, ohne die Freiwürfe zu berücksichtigen?

Freiwurf-Spezialist

Ein Spieler hat in dieser Saison eine Freiwurfquote von 90%. Wenn er 150 Freiwürfe geworfen hat, wie viele hat er getroffen?

Viertelvergleich

In einem Spiel erzielt Team A in den ersten beiden Vierteln jeweils 24 Punkte. Wenn sie am Ende des Spiels insgesamt 92 Punkte haben, wie viele Punkte haben sie in der zweiten Halbzeit insgesamt erzielt?

ÜBRIGENS:

DIE 24-SEKUNDEN-REGEL WURDE 1954 EINGEFÜHRT, UM DAS SPIEL ZU BESCHLEUNIGEN UND DAS ABSICHTLICHE ZEITSPIEL ZU VERHINDERN.

04 Basketball Zahlenrätsel

Ehrungen: 2007 wurde Nowitzki als erster und bisher einziger Europäer zum MVP (Most Valuable Player) der regulären NBA-Saison gewählt.

09

Punkteserien

Ein Spieler erzielt in einem Spiel drei Serien von Punkten: Erst trifft er 4 aufeinanderfolgende Dreier, dann 5 Zweipunkte-Würfe in Folge und schließlich 6 Freiwürfe hintereinander. Wie viele Punkte hat er insgesamt aus diesen Serien?

Der Rückstand

Ein Basketballteam liegt nach drei Vierteln mit 18 Punkten zurück. Im letzten Viertel starten sie eine grandiose Aufholjagd und enden das Spiel mit nur 6 Punkten Rückstand. Wie viele Punkte haben sie im letzten Viertel mehr erzielt als ihr Gegner?

Auswärtsreise

Ein Basketballteam spielt 5 Auswärtsspiele in einer Woche. Sie gewinnen das erste Spiel mit 10 Punkten Vorsprung, verlieren das zweite mit 5 Punkten Unterschied, gewinnen das dritte mit 7 Punkten Vorsprung, verlieren das vierte mit 3 Punkten Unterschied und gewinnen das letzte mit 9 Punkten Vorsprung. Mit welcher Gesamtpunktedifferenz enden sie die Auswärtsserie?

Kreuz-Wort-Rätsel

Waagerechte Reihen

3 Was Spieler tun, um den Ball an einen anderen Spieler zu geben

5 Name des Balls

6 Ein Foul bei dem der Ball noch im Aufstieg ist

8 Platz, auf dem Basketball gespielt wird

9 Aktion, um den Ball auf dem Boden vorwärts zu bewegen

10 Art von Schuss, bei dem der Ball eine Kurve macht, ohne den Boden zu berühren

Senkrechte Reihen

1 Der beste Spieler des Spiels (Abk.)

2 Sportart mit einem Ball und Korb

4 Spielfeldmarkierung von wo aus man 3 Punkte erzielen kann

7 Position auf dem Spielfeld, oft der größte Spieler des Teams

06

Kreuzworträtzel

Zeig, was du drauf hast und werde zum MVP des Kreuzworträtsel-Courts!

01

Waagerechte Reihen

2 Die Position eines Spielers, der normalerweise zwischen dem Center und dem Point Guard spielt.
5 Ein Ballverlust durch einen Spieler an die gegnerische Mannschaft.
7 Ein anderer Begriff für das Spielfeld.
8 Wenn ein Spieler in der Verteidigung ohne Ball seinem Gegner folgt.
9 Eine Art von Pass, bei dem der Ball über den Kopf des Gegners geworfen wird.
10 Ein Wurf, der in der letzten Sekunde eines Spiels oder Viertels gemacht wird.

Senkrechte Reihen

1 Ein langer Wurf, der drei Punkte wert ist.
3 Die "Linie", die das Spielfeld umgibt.
4 Ein Spielzug, bei dem zwei Spieler den Ballbesitzer gemeinsam verteidigen.
6 Die Zone direkt unter dem Korb.

06

Kreuzworträtzel

Zeig, was du drauf hast und werde zum MVP des Kreuzworträtsel-Courts!

02

Waagerechte Reihen

3 Die Person, die das Spiel leitet und die Regeln überwacht.
7 Ein Spieler, der zwischen den Positionen Guard und Forward wechseln kann.
8 Der Bereich direkt unter dem Korb.
9 Ein sehr schneller Gegenangriff.
10 Wenn ein Spieler den Ball in den Korb legt, ohne zu springen.

Senkrechte Reihen

1 Ein unbeabsichtigtes Foul, das keinen direkten Einfluss auf das Spielgeschehen hat.
2 Bezeichnung für einen erfolgreichen Wurf aus großer Distanz
4 Eine Technik, um den Ball vor einem Gegenspieler zu schützen.
5 Das Spiel beginnt mit einem ...?
6 Das englische Wort für 'Korb'.

06

Kreuzworträtzel

Zeig, was du drauf hast und werde zum MVP des Kreuzworträtsel-Courts!

03

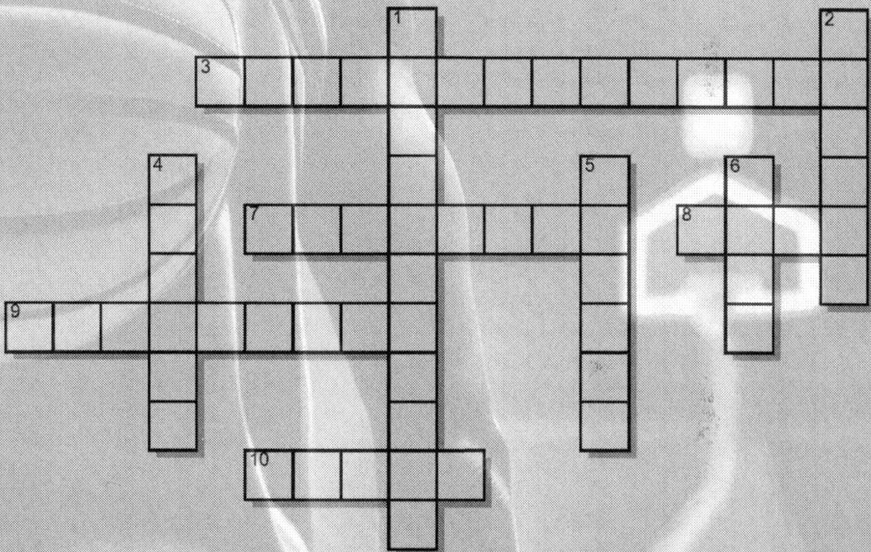

Waagerechte Reihen

1 Ein schneller Gegenangriff, oft nach einem Ballgewinn.
3 Ein Pass, der zwischen den Beinen des Verteidigers gespielt wird.
6 Ein Fehlwurf, bei dem der Ball den Ring berührt, aber nicht in den Korb geht.
9 Der Bereich, aus dem ein Freiwurf geworfen wird.

Senkrechte Reihen

1 Ein Spieler, der sich hauptsächlich am Rand des Spielfeldes aufhält.
2 Die Linie, von der aus ein Spieler zwei Punkte für einen erfolgreichen Wurf erhält.
4 Ein Spieler, der viele Punkte erzielt.
5 Ein Team hat fünf von diesen auf dem Spielfeld.
7 Die hohen Schuhe, die Basketballspieler tragen.
8 Eine Aktion, bei der ein Spieler versucht, den Ball in den Korb zu werfen.

06

Kreuzworträtzel

Zeig, was du drauf hast und werde zum MVP des Kreuzworträtsel-Courts!

04

Waagerechte Reihen

1 Wenn ein Spieler den Ball vorwärts wirft und dann zu ihm rennt, um ihn wieder zu fangen.

3 Eine Aktion, bei der ein Verteidiger den Schuss eines Angreifers blockiert.

6 Die Person, die das Spiel leitet und dafür sorgt, dass die Regeln eingehalten werden.

7 Ein Foul, bei dem der Gegner beim Werfen berührt wird.

8 Die größten Spieler im Team, die normalerweise unter dem Korb positioniert sind.

9 Die Anzahl der Spieler in einem Standard-Basketballteam.

Senkrechte Reihen

2 Ein Begriff für das Dribbeln des Balls mit beiden Händen gleichzeitig.

3 Die Art von Schuss, bei dem der Ball gegen das Brett gespielt wird, um ihn in den Korb zu lenken.

4 Der Begriff für die Mannschaft, die den Ball hat und versucht zu punkten.

5 Die Dauer eines Spiels ist in vier solcher Abschnitte unterteilt.

06

Kreuzworträtsel

Zeig, was du drauf hast und werde zum MVP des Kreuzworträtsel-Courts!

05

Waagerechte Reihen

5 Die maximal erlaubte Anzahl von Fouls pro Spieler in einem regulären NBA-Spiel.

7 Eine Regelverletzung, bei der ein Spieler den Ball mehr als zwei Schritte trägt, ohne zu dribbeln.

8 Ein Wurf, bei dem der Ball an das Backboard gespielt wird, um ihn in den Korb zu lenken.

9 Eine spezielle Wurftechnik, bei der der Spieler den Ball mit einer Hand im Bogen zum Korb wirft.

10 Ein Spielzug, bei dem ein Spieler den Ball zu einem Teamkollegen wirft und dieser ihn in der Luft fängt und in einem einzigen Bewegungsablauf in den Korb legt.

Senkrechte Reihen

1 Ein Verteidigungsstil, bei dem der ballführende Spieler von zwei Verteidigern gleichzeitig bedrängt wird.

2 Ein Verteidigungssystem, bei dem jeder Spieler einem bestimmten Gegner zugewiesen ist.

3 Eine Regelverletzung, bei der ein Spieler den Ball berührt, nachdem er den höchsten Punkt seiner Flugbahn erreicht hat.

4 Ein unaufhaltsamer Spieler wird oft als ... bezeichnet?

6 Der Name für ein Foul, das dazu dient, das Spiel zu stoppen und Zeit zu sparen.

06 Kreuzworträtzel

Zeig, was du drauf hast und werde zum MVP des Kreuzworträtsel-Courts!

Jetzt wirds schwer 06

Waagerechte Reihen

2 Eine defensive Strategie, bei der ein Spieler ständig den ballführenden Gegner bedrängt.

7 Ein Wurf, der gemacht wird, während man den Kontakt mit einem Verteidiger hat.

9 Die Art und Weise, wie ein Team Angriffe aufbaut und sich auf dem Spielfeld positioniert.

10 Ein Spielzug, bei dem ein Spieler seinen Körper benutzt, um einen Gegenspieler wegzublocken und einem Teamkollegen einen klaren Weg zum Korb zu ermöglichen.

Senkrechte Reihen

1 Der Spieler, der am weitesten von dem Korb entfernt ist und sich normalerweise um das Dribbling und das Verteilen des Balls kümmert.

3 Eine Regelverletzung, die auftritt, wenn ein Spieler den Ball kontinuierlich dribbelt, ihn stoppt und dann erneut zu dribbeln beginnt.

4 Ein Defensivmanöver, bei dem ein Spieler versucht, den Ball aus den Händen eines Gegenspielers zu schlagen.

5 Ein Fehlwurf, bei dem der Ball den Ring oder das Brett überhaupt nicht berührt.

6 Ein schneller Richtungswechsel des Spielers mit dem Ball, um einen Verteidiger zu vermeiden.

8 Ein Schuss, bei dem der Spieler springt und den Ball in den Korb "stößt".

06

Kreuzworträtzel

Zeig, was du drauf hast und werde zum MVP des Kreuzworträtsel-Courts!

Jetzt wirds schwer 07

Fakten oder Fiktion

ÜBRIGENS:

DAS BASKETBALL-DRAMA "HOOSIERS" BASIERT AUF DER WAHREN GESCHICHTE DES KLEINEN INDIANA-HIGHSCHOOL-TEAMS, DAS 1954 DIE STAATSMEISTERSCHAFT GEWONNEN HAT.

06 Fakten oder Fiktion

Mal sehen, ob du ein/e richtige/r Basketballkenner/in bist, oder ob wir dich aufs Glatteis führen können. Die Lösung findest du auf der Rückseite.

01

Fakt oder Fiktion: Die dreipunktige Linie wurde in der NBA im Jahr 1980 eingeführt.

Fakt oder Fiktion: Die Boston Celtics haben die meisten NBA-Meisterschaften gewonnen.

Fakt oder Fiktion: Die WNBA, die Frauen-Basketballliga in den USA, wurde in den 1980er Jahren gegründet.

LÖSUNG VORHERIGE SEITE

LÖSUNG DRITTE FRAGE

FIKTION. DIE WNBA WURDE 1996 GEGRÜNDET UND DIE ERSTE SAISON FAND 1997 STATT.

LÖSUNG ZWEITE FRAGE

FIKTION. OBWOHL DIE BOSTON CELTICS VIELE MEISTERSCHAFTEN GEWONNEN HABEN, HABEN DIE LOS ANGELES LAKERS EBENFALLS EBENSO VIELE TITEL GEWONNEN (BIS ZU MEINEM LETZTEN UPDATE IM JAHR 2022).

LÖSUNG ERSTE FRAGE

FAKT. DIE DREIPUNKTIGE LINIE WURDE IN DER NBA-SAISON 1979-1980 EINGEFÜHRT.

Fakten oder Fiktion

Dirk Nowitzki ist eine Legende, über die es viele Geschichten und Anekdoten zu erzählen gibt. Auf den folgenden Seiten findest du hier oben noch weitere Fakten und Informationen über ihn.

Fakt oder Fiktion: Dirk Nowitzki ist der bekannteste russische Basketballspieler aller Zeiten.

Fakt oder Fiktion: Kobe Bryant wurde direkt aus der High School in die NBA gedraftet.

Fakt oder Fiktion: Yao Ming, der 2,29 Meter große Center, stammt ursprünglich aus Japan.

LÖSUNG VORHERIGE SEITE

LÖSUNG DRITTE FRAGE

FIKTION. YAO MING KOMMT AUS CHINA.

LÖSUNG ZWEITE FRAGE

FAKT. KOBE WURDE 1996 DIREKT AUS DER LOWER MERION HIGH SCHOOL IN DIE NBA GEDRAFTET.

LÖSUNG ERSTE FRAGE

FIKTION. DIRK NOWITZKI IST EIN BERÜHMTER BASKETBALLSPIELER AUS DEUTSCHLAND, NICHT AUS RUSSLAND.

06 Fakten oder Fiktion

Tennisbegeisterung: Bevor er sich dem Basketball verschrieb, spielte Nowitzki Tennis und Handball.

03

Fakt oder Fiktion: Die offizielle Höhe eines NBA-Korbes beträgt 3,05 Meter.

Fakt oder Fiktion: Tim Duncan spielte seine gesamte NBA-Karriere bei den San Antonio Spurs.

Fakt oder Fiktion: Scottie Pippen hat mehr NBA-Meisterschaften gewonnen als Larry Bird.

LÖSUNG VORHERIGE SEITE

LÖSUNG DRITTE FRAGE

FAKT. SCOTTIE PIPPEN GEWANN SECHS MEISTERSCHAFTEN MIT DEN CHICAGO BULLS, WÄHREND LARRY BIRD DREI MIT DEN BOSTON CELTICS GEWANN.

LÖSUNG ZWEITE FRAGE

FAKT. TIM DUNCAN SPIELTE VON 1997 BIS 2016 AUSSCHLIESSLICH FÜR DIE SPURS.

LÖSUNG ERSTE FRAGE

FAKT. DAS IST DIE OFFIZIELLE HÖHE EINES BASKETBALLKORBES.

Fakten oder Fiktion

Wohltätigkeit: Nowitzki hat sich auch außerhalb des Spielfelds einen Namen gemacht, vor allem durch seine Dirk Nowitzki Foundation, die sich für benachteiligte Kinder und Jugendliche einsetzt.

04

Fakt oder Fiktion: Allen Iverson ist bekannt für seinen Ausspruch: "Wir reden über das Training!"

Fakt oder Fiktion: Die Miami Heat haben ihre erste NBA-Meisterschaft in den 1980er Jahren gewonnen.

Fakt oder Fiktion: Reggie Miller ist bekannt für seinen Spitznamen "Magic".

LÖSUNG VORHERIGE SEITE

LÖSUNG DRITTE FRAGE

FIKTION. REGGIE MILLERS SPITZNAME IST „KILLER MILLER". „MAGIC" IST DER SPITZNAME VON EARVIN JOHNSON JR.

LÖSUNG ZWEITE FRAGE

FIKTION. DIE MIAMI HEAT GEWANNEN IHRE ERSTE NBA-MEISTERSCHAFT 2006.

LÖSUNG ERSTE FRAGE

FAKT. DIESER AUSSPRUCH STAMMT AUS EINER DENKWÜRDIGEN PRESSEKONFERENZ VON ALLEN IVERSON IM JAHR 2002.

Fakten oder Fiktion

06

Entdecker: Holger Geschwindner, ein ehemaliger deutscher Basketballnationalspieler, entdeckte Nowitzkis Talent und wurde sein Mentor und Trainer. Die beiden entwickelten ein individuelles Trainingsprogramm, das Dirk's Fähigkeiten perfektionierte.

05

Fakt oder Fiktion: Giannis Antetokounmpo wurde in Griechenland geboren und wuchs dort auf, obwohl seine Wurzeln in Nigeria liegen.

Fakt oder Fiktion: Stephen Curry bereitet seine Schuhe vor jedem Spiel vor, indem er sie mit Curry-Gewürz einreibt.

Fakt oder Fiktion: Manu Ginóbili hat während eines Spiels einmal eine Fledermaus aus der Luft gefangen.

LÖSUNG VORHERIGE SEITE

LÖSUNG DRITTE FRAGE

FAKT. ES GESCHAH WÄHREND EINES SPIELS AM HALLOWEEN-ABEND 2009. DAS UNGLAUBLICHE DARAN IST, DASS ER SIE NICHT VERLETZTE UND SIE NACH DRAUSSEN BRACHTE. EIN ECHTER BATMAN IM BASKETBALL!

LÖSUNG ZWEITE FRAGE

FIKTION. ABER WÜRZIGE MOVES HAT ER DEFINITIV AUF DEM SPIELFELD!

LÖSUNG ERSTE FRAGE

FAKT. GIANNIS WURDE IN ATHEN, GRIECHENLAND, GEBOREN UND HAT NIGERIANISCHE WURZELN.

06 Fakten oder Fiktion

Musikliebhaber: Nowitzki ist ein großer Musikfan. Er spielt Gitarre und hat oft gesagt, dass Musik eine seiner größten Leidenschaften außerhalb des Basketballs ist.

06

Fakt oder Fiktion: Der kleinste Spieler, der je in der NBA gespielt hat, war Muggsy Bogues mit einer Größe von 1,60 m.

Fakt oder Fiktion: Detlef Schrempf, ein ehemaliger NBA-Spieler, hatte einen Gastauftritt in der TV-Show "Parks and Recreation".

Fakt oder Fiktion: In den 1980er Jahren mussten NBA-Spieler ihre Schuhe während des Spiels mindestens einmal wechseln, um Werbung für verschiedene Marken zu machen.

LÖSUNG VORHERIGE SEITE

LÖSUNG DRITTE FRAGE

FIKTION. ES GAB NIE EINE SOLCHE REGEL

LÖSUNG ZWEITE FRAGE

FIKTION. ABER WÜRZIGE MOVES HAT ER DEFINITIV AUF DEM SPIELFELD!

LÖSUNG ERSTE FRAGE

FAKT. TROTZ SEINER GERINGEN GRÖSSE HATTE MUGGSY BOGUES EINE BEEINDRUCKENDE NBA-KARRIERE UND SPIELTE 14 SAISONS.

Musikliebhaber: Nowitzki ist ein großer Musikfan. Er spielt Gitarre und hat oft gesagt, dass Musik eine seiner größten Leidenschaften außerhalb des Basketballs ist.

Fakt oder Fiktion: Larry Bird und Magic Johnson sind Brüder und haben nur unterschiedliche Nachnamen, weil sie bei ihrer Geburt vertauscht wurden.

Fakt oder Fiktion: In den 90er Jahren gab es einen animierten Film, in dem Michael Jordan und die Looney Tunes Basketball gegen Außerirdische spielten.

Fakt oder Fiktion: Dirk Nowitzki, der berühmte deutsche NBA-Spieler, begann seine Karriere als professioneller Tischtennisspieler.

LÖSUNG VORHERIGE SEITE

LÖSUNG DRITTE FRAGE

FIKTION. OBWOHL DIRK VIELE TALENTE HAT, WAR ER NIE EIN PROFESSIONELLER TISCHTENNISSPIELER.

LÖSUNG ZWEITE FRAGE

FAKT. DER FILM HEISST „SPACE JAM“.

LÖSUNG ERSTE FRAGE

FIKTION. LARRY BIRD UND MAGIC JOHNSON SIND KEINE BRÜDER, ABER IHRE RIVALITÄT IN DEN 1980ERN WAR LEGENDÄR.

Familie: Dirk hat eine Schwester, Silke Nowitzki, die auch Basketball gespielt hat und als Basketballfunktionärin tätig ist.

Fakt oder Fiktion: Shaquille O'Neal hat einst einen Wettbewerb veranstaltet, bei dem Fans für ihn einen neuen Spitznamen finden sollten.

Fakt oder Fiktion: Die NBA plante ursprünglich, Trampoline auf dem Spielfeld zu installieren, um das Dunking zu erleichtern.

Fakt oder Fiktion: Dražen Petrović, ein herausragender kroatischer Basketballspieler, wird oft als "Mozart des Basketballs" bezeichnet.

LÖSUNG VORHERIGE SEITE

LÖSUNG DRITTE FRAGE

FAKT. PETROVIĆ, DER TRAGISCH JUNG VERSTARB, IST ALS EINER DER BESTEN EUROPÄISCHEN BASKETBALLSPIELER ALLER ZEITEN BEKANNT.

LÖSUNG ZWEITE FRAGE

FIKTION. OBWOHL DAS EINE INTERESSANTE VORSTELLUNG WÄRE, HAT DIE NBA NIE SOLCH EINEN PLAN VERFOLGT.

LÖSUNG ERSTE FRAGE

FAKT. SHAQ IST BEKANNT FÜR SEINE ZAHLREICHEN SPITZNAMEN, UND OBWOHL ER VIELE SELBST ERFUNDEN HAT, HAT ER AUCH FANS UM VORSCHLÄGE GEBETEN.

Fakten oder Fiktion

Multilingual: Dirk spricht fließend Deutsch, Englisch und Spanisch.

Fakt oder Fiktion: Der älteste professionelle Basketballspieler, der jemals gespielt hat, war Dino Meneghin aus Italien, der mit 45 Jahren seine Karriere beendete.

Fakt oder Fiktion: Spanien gewann 2006 seine erste FIBA Basketball-Weltmeisterschaft.

Fakt oder Fiktion: In der bulgarischen Liga gibt es eine Tradition, dass der Verlierer eines Spiels den Siegern ein lebendes Schaf schenken muss.

LÖSUNG VORHERIGE SEITE

LÖSUNG DRITTE FRAGE

FIKTION. EINE SOLCHE TRADITION EXISTIERT NICHT IM BULGARISCHEN BASKETBALL.

LÖSUNG ZWEITE FRAGE

FAKT. DAS SPANISCHE TEAM BESIEGTE GRIECHENLAND IM FINALE.

LÖSUNG ERSTE FRAGE

FAKT. MENEGHIN IST EINE LEGENDE IM ITALIENISCHEN BASKETBALL.

06

Fakten oder Fiktion

Loyalität: Nowitzki hat nie ernsthaft in Erwägung gezogen, die Dallas Mavericks zu verlassen, trotz zahlreicher Angebote von anderen Teams während seiner Karriere.

10

Fakt oder Fiktion: Die EuroLeague wurde ursprünglich als Turnier für Basketballspieler unter 1,70 m gegründet.

Fakt oder Fiktion: Der Eiffelturm in Paris wurde während der Basketball-Weltmeisterschaft 2010 in ein riesiges Basketballnetz verwandelt.

Fakt oder Fiktion: Der FC Barcelona und Real Madrid haben nicht nur im Fußball, sondern auch im Basketball eine intensive Rivalität.

LÖSUNG VORHERIGE SEITE

LÖSUNG DRITTE FRAGE

FAKT. DIE BEIDEN SPANISCHEN CLUBS KONKURRIEREN REGELMÄSSIG IN DER LIGA ACB UND DER EUROLEAGUE.

LÖSUNG ZWEITE FRAGE

FIKTION. SO KREATIV UND BEEINDRUCKEND DAS AUCH KLINGEN MAG, ES IST NICHT PASSIERT.

LÖSUNG ERSTE FRAGE

FIKTION. DIE GRÖSSE HATTE NIE ETWAS MIT DER GRÜNDUNG DER EUROLEAGUE ZU TUN.

06

Fakten oder Fiktion

Vaterfreuden: Dirk und seine Frau Jessica haben drei Kinder zusammen.

11

Fakt oder Fiktion: Der "Magic Circle" ist ein renommierter Award im europäischen Basketball.

Fakt oder Fiktion: Es gibt eine Regel in der EuroLeague, die besagt, dass jedes Team mindestens einen Spieler haben muss, der über 2,30 m groß ist.

Fakt oder Fiktion: Behauptung: In einem Spiel der türkischen Basketballliga warf ein Spieler seinen Schuh auf den Basketball, um einen Wurf des Gegners zu blockieren.

LÖSUNG VORHERIGE SEITE

LÖSUNG DRITTE FRAGE

FAKT. DIESER UNGEWÖHNLICHE „BLOCK“ SORGTE FÜR AUFSEHEN UND VIELE LACHER.

LÖSUNG ZWEITE FRAGE

FIKTION. ES GIBT KEINE SOLCHE REGEL BEZÜGLICH DER GRÖSSE DER SPIELER.

LÖSUNG ERSTE FRAGE

FAKT. ES HANDELT SICH UM EINE AUSZEICHNUNG, DIE DEN FÜNF BESTEN JUNGEN SPIELERN IN EUROPA VERLIEHEN WIRD.

06

Fakten oder Fiktion

Karriereende: Im April 2019 verkündete Nowitzki offiziell seinen Rücktritt vom professionellen Basketball, nachdem er das letzte Heimspiel seiner 21. NBA-Saison beendet hatte.

12

Fakt oder Fiktion: Eine Basketballhalle in Slowenien wurde als "Drakula Arena" bekannt, weil Fledermäuse während eines Spiels die Halle durchflogen.

Fakt oder Fiktion: Ein Spieler der russischen Liga wurde einmal ausgewechselt, weil er während des Spiels angefangen hatte, ein Sandwich zu essen.

Fakt oder Fiktion: Ein serbisches Team veranstaltete einmal ein Basketballspiel bei Kerzenlicht, nachdem die Hallenbeleuchtung ausgefallen war.

LÖSUNG VORHERIGE SEITE

LÖSUNG DRITTE FRAGE

FAKT. EINE ATMOSPHÄRISCHE UND DENKWÜRDIGE PARTIE!

LÖSUNG ZWEITE FRAGE

FAKT. EIN HUNGRIGER MOMENT, DER FÜR LACHER SORGTE.

LÖSUNG ERSTE FRAGE

FAKT. EIN UNGEWÖHNLICHER UND UNERWARTETER „SPIELER" AUF DEM FELD!

Fakten oder Fiktion

Statue: Die Dallas Mavericks haben bekannt gegeben, dass sie zu Ehren von Nowitzki eine Statue vor dem American Airlines Center, ihrer Heimarena, errichten werden.

13

Fakt oder Fiktion: Die finnische Basketballliga hat eine Regel, dass jedes Team während eines Spiels mindestens eine Sauna-Pause einlegen muss.

Fakt oder Fiktion: Ein spanisches Team feierte einmal einen Punktgewinn so heftig, dass der Parkettboden nachgab und ein Loch entstand.

Fakt oder Fiktion: Die italienische Basketballliga wurde wegen ihrer berühmten Pizzapause zur Halbzeit berühmt.

LÖSUNG VORHERIGE SEITE

LÖSUNG DRITTE FRAGE

FIKTION. AUCH WENN PIZZA EIN BELIEBTES ITALIENISCHES GERICHT IST, GIBT ES KEINE PIZZAPAUSE IN DER ITALIENISCHEN BASKETBALLLIGA.

LÖSUNG ZWEITE FRAGE

FAKT. DER ÜBERMÄSSIGE JUBEL FÜHRTE ZU UNERWARTETEN REPARATURARBEITEN!

LÖSUNG ERSTE FRAGE

FIKTION. AUCH WENN DIE FINNEN IHRE SAUNEN LIEBEN, GIBT ES IM BASKETBALL KEINE SAUNA-PAUSEN.

Fakten oder Fiktion

Singen im Finale: Nachdem die Dallas Mavericks 2011 die NBA-Meisterschaft gewonnen hatten, sang Nowitzki "We are the Champions" von Queen in einem privaten Moment, der später viral ging.

Fakt oder Fiktion: In der Ukraine hat ein Team seine Fans mit Sonnenblumenkernen statt Popcorn versorgt, da es als Glücksbringer gilt.

Fakt oder Fiktion: Ein slowakisches Team stellte einen Weltrekord auf, indem es 24 Stunden lang ununterbrochen Basketball spielte.

Fakt oder Fiktion: Ein Schweizer Team feierte einen Playoff-Sieg mit einem spontanen Fondue-Essen direkt auf dem Spielfeld.

LÖSUNG VORHERIGE SEITE

LÖSUNG DRITTE FRAGE

FAKT. EIN KULINARISCHER SIEG!

LÖSUNG ZWEITE FRAGE

FAKT. ES WAR EIN DENKWÜRDIGER MOMENT UND EINE ECHTE AUSDAUERLEISTUNG!

LÖSUNG ERSTE FRAGE

FAKT. SONNENBLUMENKERNE SIND IN DER UKRAINE SEHR BELIEBT UND WURDEN HIER ALS SNACK UND GLÜCKSBRINGER VERTEILT.

Basket-Ball Anagramme

TSAUZIE

SRCKPÜAS

FWUNIER

FEGGIRNAEGN

FSIPDARLLENED

APEZHAULISTEB

07

Basketball-Anagramme

Wenn du genau hinschaust, kann aus dem Wirrwarr ein Begriff, den du aus dem Basketball kennst gebildet werden

01

ZOGENIDHENVREITUN

NANMNGUTEVEIRDINH

ANTHSPNMÄAKCSITNAI

DIPLOBPBENGRDIL

DREWTIEPUKFNUR

GIEEDTRVTIISTRTGAUEGS

Lösungen

Seite 32

Da Alex nicht um 10 Uhr trainiert, bleibt für ihn entweder 12 Uhr oder 14 Uhr. Carla trainiert vor Ben, also kann Carla nicht um 14 Uhr und Ben nicht um 10 Uhr trainieren.
Daher muss Carla um 10 Uhr und Ben um 12 Uhr trainieren.
Somit trainiert Alex um 14 Uhr.

Ergebnis:

Carla: 10 Uhr
Ben: 12 Uhr
Alex: 14 Uhr

Seite 34

Die Hawks spielten nicht am Samstag, also spielten sie entweder am Freitag oder Sonntag.
Da die Falcons vor den Eagles spielten, können die Falcons nicht am Sonntag und die Eagles nicht am Freitag spielen.
Dies bedeutet, dass die Falcons am Freitag und die Eagles am Samstag spielten.
Also spielten die Hawks am Sonntag.

Ergebnis:

Falcons: Freitag
Eagles: Samstag
Hawks: Sonntag

Seite 36

Da Luca der Point Guard ist, bleiben für Mia und Zoe die Positionen Shooting Guard und Center übrig.
Mia ist größer als der Shooting Guard, also kann sie nicht der Shooting Guard sein. Das bedeutet, dass sie der Center sein muss.
Somit muss Zoe der Shooting Guard sein.

Ergebnis:

Mia: Center
Luca: Point Guard
Zoe: Shooting Guard

Seite 38

Julia trägt die Nummer 23. Isabelle hat eine niedrigere Nummer als Sophie, also kann Isabelle nicht die Nummer 23 haben und Sophie nicht die Nummer 7. Wenn Sophie nicht die Nummer 7 hat und Julia die Nummer 23 hat, dann muss Sophie die Nummer 11 haben und Isabelle die Nummer 7.

Ergebnis:

Isabelle: 7
Julia: 23
Sophie: 11

Seite 40

Die Stars haben Grün.
Die Suns haben nicht Blau und die Moon haben nicht Rot, also müssen die Suns Rot haben.
Das bedeutet, die Moon haben Blau.

Ergebnis:

Suns: Rot
Moon: Blau
Stars: Grün

Seite 42

Anna hat mehr Punkte als Felix, aber weniger als Tim. Das bedeutet, Anna hat 15 Punkte.
Da Felix nicht die geringste Punktzahl hat, muss er 10 Punkte und Tim 20 Punkte haben.

Ergebnis:

Anna: 15 Punkte
Felix: 10 Punkte
Tim: 20 Punkte

Seite 44

ES SIND 6 QUADRATE

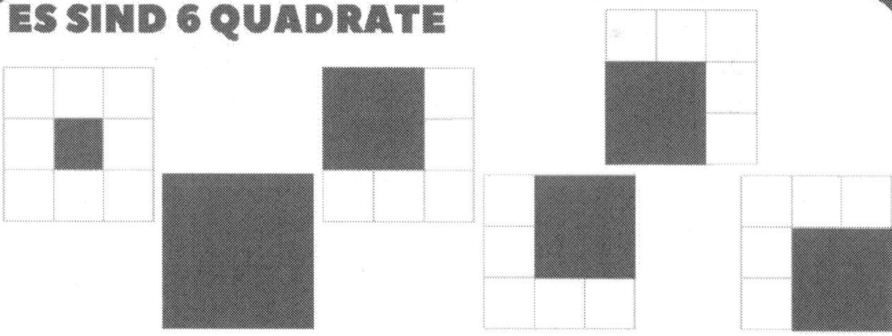

Seite 48

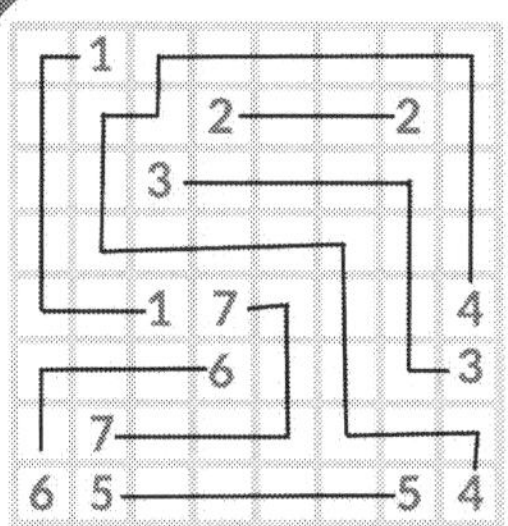

Seite 50

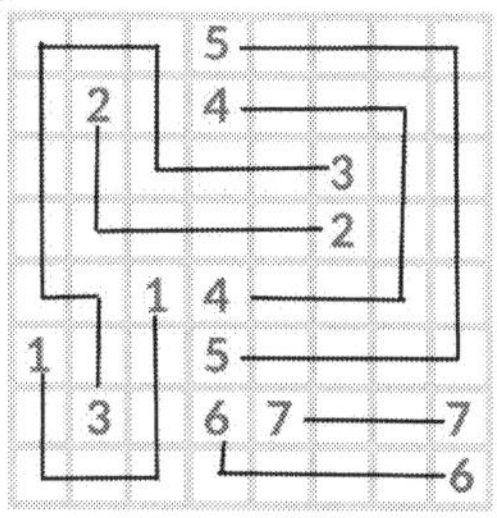

Seite 52

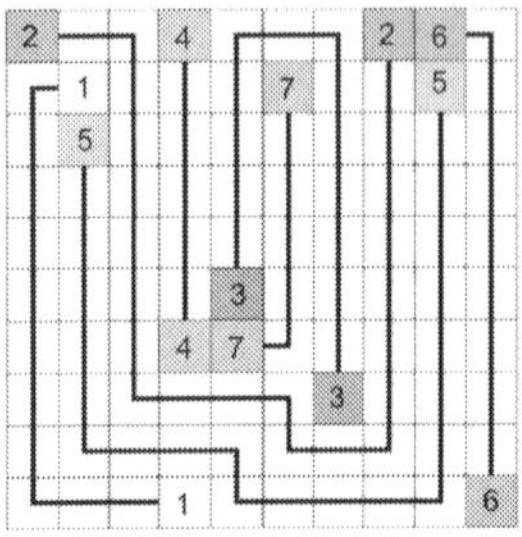

Seite 58

17	18	14	13	11
19	16	15	10	12
20	21	9	3	4
23	22	8	2	5
25	24	1	7	6

Seite 54

16	15	14	12
1	2	11	13
8	10	3	4
9	7	6	5

Seite 60

18	19	21	23	24
17	16	20	22	25
15	1	2	3	4
14	11	9	6	5
13	12	10	8	7

Seite 56

16	1	4	5
15	2	3	6
14	11	7	9
13	12	10	8

Seite 64

32 Punkte + (0,75 * 32 Punkte) = 32 + 24 = 56 Punkte.

20% von 40 = 8 Freiwürfe verfehlt.

20 + (4 * 5) = 40 Dribblings in der 5. Minute.

Seite 66

Zweite Halbzeit: 0,60 * 48 = 28,8, gerundet also 29 Punkte. Insgesamt: 48 + 29 = 77 Punkte.

10 Versuche - 7 erfolgreiche Würfe = 3 verfehlte Würfe.

(5 Würfe x 2 Punkte) + (3 Dreier x 3 Punkte) + (4 Freiwürfe x 1 Punkt) = 10 + 9 + 4 = 23 Punkte.

Seite 68

Team A: 55 + 20 = 75 Punkte. Team B: 45 + 30 = 75 Punkte. Das Spiel endet unentschieden mit einem Punktestand von 75 zu 75.

30 Spiele - 18 gewonnene Spiele = 12 verlorene Spiele.

3 Viertel x 25 Punkte = 75 Punkte. 105 Gesamtpunkte - 75 Punkte = 30 Punkte im letzten Viertel.

Seite 70

(4 Dreier x 3 Punkte) + (6 Würfe x 2 Punkte) + (5 Freiwürfe x 1 Punkt) = 12 + 12 + 5 = 29 Punkte.

15 Punkte + 5 Punkte = 20 Punkte.

10 +10 -5 +15 -10 = +20 Punkte.

Seite 72

5 Spiele x 4 Punkte = 20 Punkte.

85 Punkte - 60 Punkte = 25 Punkte.

28 + 32 + 25 = 85 Punkte.

Seite 74

80% von 25 = 0,8 x 25 = 20 Freiwürfe.

12 Punkte (Rückstand) + 6 Punkte (Vorsprung) = 18 Punkte.

15 Dreier x 3 Punkte = 45 Punkte.

Seite 76

(20 + 25 + 18 + 22) ÷ 4 = 85 ÷ 4 = 21,25 Punkte.

5 - 3 + 7 = 9 Punkte. Team B erzielte also 9 Punkte mehr im letzten Viertel als Team A.

28 Punkte x 82 Spiele = 2296 Punkte.

Seite 78

(30 Würfe x 2 Punkte) + (10 Dreier x 3 Punkte) = 60 + 30 = 90 Punkte.

90% von 150 = 0,9 x 150 = 135 Freiwürfe.

2 Viertel x 24 Punkte = 48 Punkte. 92 Gesamtpunkte - 48 Punkte = 44 Punkte in der zweiten Halbzeit.

Seite 80

(4 Dreier x 3 Punkte) + (5 Würfe x 2 Punkte) + (6 Freiwürfe x 1 Punkt) = 12 + 10 + 6 = 28 Punkte.

18 Punkte - 6 Punkte = 12 Punkte.

10 -5 +7 -3 +9 = +18 Punkte.

Seite 84

BASKETBALL / Sportart mit einem Ball und Korb
MVP / Der beste Spieler des Spiels (Abk.)
DREIER LINIE / Spielfeldmarkierung von wo aus man 3 Punkte erzielen kann
GOALTENDING / Ein Foul bei dem der Ball noch im Aufstieg ist
BASKETBALL / Name des Balls
CENTER / Position auf dem Spielfeld, oft der größte Spieler des Teams
PASSEN / Was Spieler tun, um den Ball an einen anderen Spieler zu geben
DRIBBELN / Aktion, um den Ball auf dem Boden vorwärts zu bewegen
WURF / Art von Schuss, bei dem der Ball eine Kurve macht, ohne den Boden zu berühren
HALLE / Platz, auf dem Basketball gespielt wird

Seite 86

LOB / Eine Art von Pass, bei dem der Ball über den Kopf des Gegners geworfen wird.

RAUM / Die Zone direkt unter dem Korb.

MANMAN / Wenn ein Spieler in der Verteidigung ohne Ball seinem Gegner folgt.

BUZZERBEATER / Ein Wurf, der in der letzten Sekunde eines Spiels oder Viertels gemacht wird.

DOPPELTE / Ein Spielzug, bei dem zwei Spieler den Ballbesitzer gemeinsam verteidigen.

DREIER / Ein langer Wurf, der drei Punkte wert ist.

PARKETT / Ein anderer Begriff für das Spielfeld.

AUSLINIE / Die "Linie", die das Spielfeld umgibt.

FLÜGEL / Die Position eines Spielers, der normalerweise zwischen dem Center und dem Point Guard spielt.

TURNOVER / Ein Ballverlust durch einen Spieler an die gegnerische Mannschaft.

Seite 88

DREIER / Bezeichnung für einen erfolgreichen Wurf aus großer Distanz

ZONE / Der Bereich direkt unter dem Korb.

HOOP / Das englische Wort für 'Korb'.

FASTBREAK / Ein sehr schneller Gegenangriff.

ANWURF / Das Spiel beginnt mit einem ...?

SWINGMAN / Ein Spieler, der zwischen den Positionen Guard und Forward wechseln kann.

LAYUP / Wenn ein Spieler den Ball in den Korb legt, ohne zu springen.

POSTUP / Eine Technik, um den Ball vor einem Gegenspieler zu schützen.

TECHNIKFOUL / Ein unbeabsichtigtes Foul, das keinen direkten Einfluss auf das Spielgeschehen hat.

SCHIEDSRICHTER / Die Person, die das Spiel leitet und die Regeln überwacht.

Seite 90

SPIELER / Ein Team hat fünf von diesen auf dem Spielfeld.
SNEAKER / Die hohen Schuhe, die Basketballspieler tragen.
FREIWURFLINIE / Der Bereich, aus dem ein Freiwurf geworfen wird.
SCORER / Ein Spieler, der viele Punkte erzielt.
TUNNELPASS / Ein Pass, der zwischen den Beinen des Verteidigers gespielt wird.
WURF / Eine Aktion, bei der ein Spieler versucht, den Ball in den Korb zu werfen.
FLÜGEL / Ein Spieler, der sich hauptsächlich am Rand des Spielfeldes aufhält.
RIMSHOT / Ein Fehlwurf, bei dem der Ball den Ring berührt, aber nicht in den Korb geht.
ZWEIERLINIE / Die Linie, von der aus ein Spieler zwei Punkte für einen erfolgreichen Wurf erhält.
FASTBREAK / Ein schneller Gegenangriff, oft nach einem Ballgewinn.

Seite 92

SCHIEDSRICHTER / Die Person, die das Spiel leitet und dafür sorgt, dass die Regeln eingehalten werden.
FÜNF / Die Anzahl der Spieler in einem Standard-Basketballteam.
BANKSHOT / Die Art von Schuss, bei dem der Ball gegen das Brett gespielt wird, um ihn in den Korb zu lenken.
WURFFOUL / Ein Foul, bei dem der Gegner beim Werfen berührt wird.
DOPPELDRIBBLING / Ein Begriff für das Dribbeln des Balls mit beiden Händen gleichzeitig.
CENTER / Die größten Spieler im Team, die normalerweise unter dem Korb positioniert sind.
VIERTEL / Die Dauer eines Spiels ist in vier solcher Abschnitte unterteilt.
GIVE-AND-GO / Wenn ein Spieler den Ball vorwärts wirft und dann zu ihm rennt, um ihn wieder zu fangen.
BLOCK / Eine Aktion, bei der ein Verteidiger den Schuss eines Angreifers blockiert.
ANGRIFF / Der Begriff für die Mannschaft, die den Ball hat und versucht zu punkten.

Seite 94

HAKENWURF / Eine spezielle Wurftechnik, bei der der Spieler den Ball mit einer Hand im Bogen zum Korb wirft.

MANNGEDECKT / Ein Verteidigungssystem, bei dem jeder Spieler einem bestimmten Gegner zugewiesen ist.

SCHRITTFEHLER / Eine Regelverletzung, bei der ein Spieler den Ball mehr als zwei Schritte trägt, ohne zu dribbeln.

STOPPFOUL / Der Name für ein Foul, das dazu dient, das Spiel zu stoppen und Zeit zu sparen.

ALLEY-OOP / Ein Spielzug, bei dem ein Spieler den Ball zu einem Teamkollegen wirft und dieser ihn in der Luft fängt und in einem einzigen Bewegungsablauf in den Korb legt.

SECHS / Die maximal erlaubte Anzahl von Fouls pro Spieler in einem regulären NBA-Spiel.

DOPPELTEDECKUNG / Ein Verteidigungsstil, bei dem der ballführende Spieler von zwei Verteidigern gleichzeitig bedrängt wird.

GOALTENDING / Eine Regelverletzung, bei der ein Spieler den Ball berührt, nachdem er den höchsten Punkt seiner Flugbahn erreicht hat.

BANKSHOT / Ein Wurf, bei dem der Ball an das Backboard gespielt wird, um ihn in den Korb zu lenken.

WARMACHINE / Ein unaufhaltsamer Spieler wird oft als ... bezeichnet?

Seite 96

FADEAWAY / Ein Wurf, der gemacht wird, während man den Kontakt mit einem Verteidiger hat.

POINTGUARD / Der Spieler, der am weitesten von dem Korb entfernt ist und sich normalerweise um das Dribbling und das Verteilen des Balls kümmert.

BLOCKSTELLUNG / Ein Spielzug, bei dem ein Spieler seinen Körper benutzt, um einen Gegenspieler wegzublocken und einem Teamkollegen einen klaren Weg zum Korb zu ermöglichen.

AIRBALL / Ein Fehlwurf, bei dem der Ball den Ring oder das Brett überhaupt nicht berührt.

VOLLFELDPRESSING / Eine defensive Strategie, bei der ein Spieler ständig den ballführenden Gegner bedrängt.

DOPPELDRIBBLING / Eine Regelverletzung, die auftritt, wenn ein Spieler den Ball kontinuierlich dribbelt, ihn stoppt und dann erneut zu dribbeln beginnt.

DUNK / Ein Schuss, bei dem der Spieler springt und den Ball in den Korb "stößt".

CROSSOVER / Ein schneller Richtungswechsel des Spielers mit dem Ball, um einen Verteidiger zu vermeiden.

STEAL / Ein Defensivmanöver, bei dem ein Spieler versucht, den Ball aus den Händen eines Gegenspielers zu schlagen.

OFFENSE / Die Art und Weise, wie ein Team Angriffe aufbaut und sich auf dem Spielfeld positioniert.

Seite 129

AUSZEIT -> TSAUZIE
RÜCKPASS -> SRCKPÜAS
EINWURF -> FWUNIER
GEGENANGRIFF -> FEGGIRNAEGN
SPIELFELDRAND -> FSIPDARLLENED
HALBZEITPAUSE -> APEZHAULISTEB

Seite 130

ZONENVERTEIDIGUNG -> ZOGENIDHENVREITUN
MANNVERTEIDIGUNG -> NANMNGUTEVEIRDINH
MANNSCHAFTSKAPITÄN -> ANTHSPNMÄAKCSITNAI
DOPPELDRIBBLING -> DIPLOBPBENGRDIL
DREIPUNKTEWURF -> DREWTIEPUKFNUR
VERTEIDIGUNGSSTRATEGIE -> GIEEDTRVTIISTRTGAUEGS

4

Schlusswort

Wenn du diese Zeilen liest, bedeutet es, dass du die Reise durch die Basketball-Rätsel erfolgreich gemeistert hast. Du hast durch diese Seiten gedribbelt, geworfen und sie verteidigt, und dabei vielleicht sogar einige neue Fakten über unseren geliebten Sport gelernt.

Ich hoffe, dieses Buch hat dir dieselben Freuden und Herausforderungen geboten, die du auch auf dem Court erlebst.
Möge deine Leidenschaft für den Sport, egal ob auf dem Spielfeld oder durch die Seiten dieses Buches, niemals erlöschen.
Ich hoffe, dass du dieses Buch mit einem Lächeln zuklappst, mit dem Wissen, dass du Teil einer weltweiten Gemeinschaft bist, die den Basketballsport liebt und schätzt.

Bis zum nächsten Spiel, bis zum nächsten Rätsel – bleib am Ball und behalte den Korb immer im Blick!

Deine Rückmeldungen und Erfahrungen sind für mich von unschätzbarem Wert. Wenn du Anregungen, Ideen oder Geschichten über das Thema Basketball hast, würde ich mich freuen, von dir zu hören.

Beste Grüße
Michael

ISBN: 978-3-910893-08-5

Impressum

Michael Theis wird vertreten durch:
Sportsession Publishing

Maria Helene Weidmann
Schwester Emmi Weg 13
22946 Trittau

cleverbooks224@magenta.de

Printed in Poland
by Amazon Fulfillment
Poland Sp. z o.o., Wrocław

36840283R00085